DON PEDRO DÉMASQUÉ.

PAR

M. MADELINE DE ST. SAUVEUR.

> Le masque tombe, l'homme reste
> et le héros s'évanouit.
> J.-B ROUSSEAU.

ANNÉE 1854.

AMIENS, DE L'IMPRIMERIE DE LEDIEN FILS.

Ce que cherchent les Nations.

Elles cherchent le reste du bonheur que desiraient tout entier les hommes qui ont quitté l'état primitif pour vivre en société. Remplaçant le droit de la force par le droit de propriété, ils firent un réglement et nommèrent un chef pour en surveiller l'exécution. C'est sur ces bases simples, mais solides, que se développa la civilisation qui fit le bonheur de leur première postérité. Tout le monde était heureux : la reconnaissance et le respect rendaient l'obéissance facile ; les lois commandaient un devoir sacré ; le gouvernant était aimé ; et la morale du *christianisme* suivie autant que possible. Les lois de ce temps ont cessé de nous convenir, c'est vrai ; mais dire qu'elles ne répondaient pas au besoin de l'époque, c'est une erreur ou un mensonge.

Les siècles avaient marché lorsque des intrigans, des espèces de charlatans politiques conçurent la pensée de bouleverser l'ordre social pour le reconstruire à leur profit. Forts de l'ascendant que les lumières de la civilisation leur avaient donné sur les masses, ils se firent un jeu de l'ignorance et de la crédulité d'autrui ; masquèrent leurs intentions par des mots et cachèrent leur égoïsme sous des phrases d'amour pour la liberté. Le droit héréditaire fut attaqué et l'élection du chef proclamée par ces hommes. Ce fut peine perdue. Mais ils travaillèrent dans l'ombre et prêchèrent si bien et si long-temps leur doctrine, qu'elle fut accueillie par des hommes de bonne foi dont le zèle se fit un devoir de la propager. Alors Dieu fut renié et le principe monarchique mis en question. De ce crime de lèze-humanité, sortirent la révolution de 93 et le sang dont elle a rougi le sol de la patrie. — Pardon aux hommes égarés qui ont causé toutes ces calamités ; indulgence même pour ceux qui ont agi sciemment ; mais qu'ils sont coupables ces derniers qui ont sacrifié l'intérêt de la France à leur propre intérêt !

Que veulent maintenant tous les esprits éclairés, tous les cœurs généreux ? c'est le respect aux lois divines qui secondent l'effet des lois humaines ; c'est l'abolition des privilèges ; l'admission à tous les emplois ; l'égalité devant la loi et l'obéissance à la monarchie constitutionnelle. Gouvernement qui fixe les droits de tous et est en parfaite harmonie avec la civilisation et la nature de l'homme. Qui peut en douter, qui peut dire que l'hérédité n'oppose pas un obstacle à l'ambition des Cromwel, en même temps que la charte présente une barrière au despotisme des rois ?

Certainement que les républicains et le *juste-milieu* ne pensent pas comme les légitimistes; mais quand des hommes de cœur sont d'accord sur le but peuvent-ils rester longtems divisés sur les moyens?

Situation du Portugal sous Don Miguel.

Moins avancé que la France en civilisation, le Portugal a pourtant aussi ses impatiens, ses législateurs à courte vue qui croient pouvoir façonner le peuple sur des institutions qui ne s'harmonisent nullement avec ses mœurs, ses habitudes, et le dégré d'éducation politique où il est parvenu. Grande est leur erreur. Les lois pour être aimées et suivies doivent être taillées sur les hommes pour lesquels on les fait. Ce qui rend facile la légère impulsion qu'on doit leur donner vers le mieux possible.

Cette vérité est trop sensible pour être méconnue de tous les faiseurs de révolutions. Aussi la plupart n'ont-ils jamais en vue le bonheur de l'humanité, de laquelle ils ne tirent les grands mots de *l'égalité* et de *liberté*, que pour servir leurs passions. Le Portugal agité par ces hommes éloquents et adroits, était donc entraîné dans les voies anarchiques.

Il y est entré: ou plutôt il n'y a jeté tout au plus qu'un tiers de sa population. Cela devait être ainsi. Le pays, trop en arrière de notre civilisation pour avoir un grand nombre de *beaux-esprits* et prendre goût à leurs théories, reste presque tout entier fidèle aux anciennes traditions : Dieu et le Roi. Le clergé et le parti libéral, ont donné dans les faits qui ont précédé cette lutte, une grande preuve de maladresse.

Le clergé, en ne prenant pas un ton moins inquisitorial et un plus grand soin de ses mœurs, tant soit peu relachées; et le parti libéral en s'appuyant sur Don Pedro généralement abhorré.

Leur propre faute a donc aussi bien refroidi la sympathie des hommes religieux, qui demandaient un peu d'amélioration, que celle des hommes qui voulaient marcher vers la liberté, qu'ils sont loin d'attendre du despotisme de l'ex-Brésilien.

Don Miguel aurait pu tirer un très-grand avantage de ces sentimens, de cette disposition générale; mais frappé au cachet de la nationalité, Portugais avant tout, son ignorance, nourrie de vanité, ne lui a pas plus fait pressentir les projets de son frère qu'ouvrir l'oreille aux cris sourds de l'amélioration et de la conspiration.

―――

Vie privée de Don Pedro avant son retour en Portugal.

Plus Machiavel que lui, Don Pedro s'affermit dès l'enfance dans sa profonde dissimulation; jeta des regards assurés autour de lui; et perça le voile de l'avenir ouvert à son despotisme et à son insatiable ambition. C'est ce qui nous est révélé par une foule d'actes de sa vie privée, sur laquelle nous aimons à nous taire, tant nous paraît sacré ce qui n'en est pas *tombé dans le domaine public*. Nous dirons seulement en passant que la philantropie dont il fait parade, n'était que trop connue de sa première femme, morte à la suite des mauvais traitemens qu'il lui a fait éprouver. Son père même, quoiqu'il conviât déjà sa couronne, n'était pas exempt des sorties brutales de son caractère égoïste et impétueux. Mais reprenant toujours le masque que ses dispositions naturelles lui arrachaient, il s'en couvrait de nouveau et réparait merveilleusement le préjudice qu'il s'était causé. Il fallait bien que cela fut, puisque le peuple, qui l'accusait d'être un des chefs de la conspiration ourdie contre son père, n'empêcha pas ce vieillard généreux, de le nommer chef de l'armée destinée à punir les Brésiliens révoltés.

Son expulsion du Brésil.

Cette grande nation rompit ses lisières, chassa les Portugais, et voulut se régir elle-même. Elle avait raison. Mais l'affaire des Brésiliens ne faisait pas celle de sa patrie, dont il avait juré de défendre les intérêts. Le serment étant moins que rien pour l'ambitieux habitué de jouer avec ce qu'il y a de plus sacré, celui-ci envoya dire que c'était avec la plus grande peine qu'il s'était chargé de combattre les Brésiliens ; qu'il les aimait parce qu'il aimait la liberté et par conséquent l'indépendance des peuples. Rien ne pouvait leur faire plus de plaisirs, car ils savaient bien que les chances de victoire n'étaient pas pour eux. Ils reçurent donc le Duc de Bragance, qui leur proposa de se mettre à leur tête pour achever de briser le joug de la *mère patrie*. Cette proposition, qui n'était pas du goût de tout le monde, fut acceptée; mais à condition qu'il se naturaliserait Brésilien; qu'il jurerait fidélité à la charte qui lui serait présentée; et renoncerait à jamais aux droits qu'il avait sur la couronne du Portugal. Ce serment fut fait et les Brésiliens lui donnèrent le titre d'Empereur dans la persuasion qu'il ne pourrait les rattacher à sa patrie, qu'il venait de renier, ou plutôt de trahir d'une manière si solennelle.

Tout alla, tout se développa assez bien tant que sa majesté impériale eut besoin de s'affermir sur le trône. Mais il n'en fut pas de même quand il s'y crut solidement assis. La mort de Don Juan VI, son père, et les prétentions qu'il éleva au nom de sa fille sur la couronne du Portugal, inspirèrent un très-grand mécontentement. Ce fut en vain qu'il chercha à colorer le parjure, à s'armer d'adresse et d'hypocrisie. Les Brésiliens pensant qu'il ne pouvait transmettre à Dona Maria cette couronne, à laquelle il avait renoncé, trouvèrent ses prétentions fort étranges. Ils pénétrèrent son intention; craignirent pour leur liberté; épièrent ses actions; et se fâchèrent grandement quand ils surent qu'il se servait de leur argent dans les moyens employés pour chasser Don Miguel du trône. Les chambres lui firent des représentations, qu'il repoussa avec dédain.

Elles les récidivèrent ; il s'entoura de sa garde impériale ; la lutte eut lieu ; les soldats passèrent du côté du peuple ; et Don Pedro fut forcé d'abdiquer en faveur de son fils.

Son Voyage en France et en Angleterre.

Fuyant à pas de géant, ce prince sans guide, sans boussole, tout honteux et confus de sa chute, ne savait trop où tourner la tête. Mais dès que les premières angoisses furent passées, il réfléchit ; donna beau jeu à son esprit, à ses machinations, et sourit à la révolution de *juillet*, qui lui permettait de se rattacher à son ambition et à sa vengeance. Appuyant sa dissimulation sur Pamella et Villaflor, hommes d'assez mince importance, mais souples et passablement adroits pour certaines intrigues, il vogua vers l'Angleterre où il fut mal reçu du peuple et ménagé un peu par le gouvernement. C'était ce que devait faire le cabinet de Londres en vue de son alliance avec la France. Mais la guerre de propagande ayant cessé de convenir à Louis-Philippe, qui en craignait les conséquences pour sa propre personne, ce dernier changea de politique et continua ses avances aux cours du nord, tout en aidant secrétement Don Pedro.

Ses menées diplomatiques et moyens employés pour recruter à l'étranger.

Profiter du moment en vue de l'avenir que lui ouvrent les circonstances et dans lequel le jettent ses passions, en profiter sans égard pour ce que l'honneur et la délicatesse ont de plus sacré, voilà, si nous le connaissons bien, le sujet sur lequel roule tout le secret des négociations de l'ex-majesté brésilienne.

Aidé par l'Angleterre et la France, Don Pedro envoya Villaflor présider le Conseil-de-Régence établi à Terceire, tandis que Pamella cherchait à contracter un emprunt de quarante millions. Dès qu'on lui eut trouvé des capitalistes, il appela tous les réfugiés portugais; acheta des bâtimens; fit établir des bureaux de recrutement tenus par des agents qui vantèrent ses hauts faits; parlèrent de liberté, et promirent dix-huit mois de solde, à titre de gratification, aux hommes généreux qui voudraient faire une *petite campagne de trois mois*, dans des régiments formés de Français, organisés, vêtus et nourris comme dans leur patrie.

Pour *Dona-Maria* intéressante par sa jeunesse et par son malheur, pour *Dona-Maria* qui allait porter la liberté à tout un peuple, que ne pouvaient pas faire une foule de jeunes gens emportés par l'amour qui les attache au bien-être des nations, aux lois du progrès!.... Ils partirent donc aux cris mille fois répétés de Vive la jeune reine!! Vive la Constitution portugaise!! C'est sous l'égide de cette enthousiasme qu'ils arrivèrent à Belle-Isle-en-mer où le Duc de Bragance, qui jouait alors la modestie et le désintéressement, leur donna autant de *poignées de main qu'ils en voulurent*.

Départ de Belle-Isle-en-mer et entrée des Constitutionnels à Oporto.

L'escadre qui enleva ces hommes de bonne foi, ces amants de la liberté à la France, partit de Belle-Isle dans le mois de mars 1832. Après quinze jours de traversée, ils arrivèrent à Terceire, où Don-Pedro fut reçu en libérateur. Là, comme dans toutes les Açores, on ne saurait donner trop d'éloges à sa conduite tant sous le rapport de son urbanité envers les habitans, que sous celui des soins qu'il prit de l'armée.

Les 8,000 hommes qui formaient ce corps d'expédition, étant bien habillés, instruits et disciplinés, Sartorius, l'amiral d'emprunt, reçut l'ordre de mettre à la voile. On partit donc en chantant des hymnes patriotiques jusqu'à Oporto, que les *Miguélistes* abandonnèrent à la vue de l'escadre.

Jamais fête ne fut plus belle que celle que se firent les braves habitans de cette belliqueuse cité. Ils saluèrent le drapeau de Dona Maria, aux cris multipliés de Vive la liberté! Vive la constitution! Vive Don Pedro!.... Pleins d'âme, pleins d'enthousiasme, ils quittèrent comme par enchantement, le costume bourgeois; endossèrent l'habit militaire; prirent leurs armes; formèrent leurs bataillons; et coururent défendre l'entrée de la ville menacée par le retour des *Miguélistes*. Ce retour n'eut aucun succès pour ces derniers, qui se battaient avec courage, avec conviction, mais qui étaient commandés par des hommes sans énergie et sans expérience. La chose est si évidente qu'ils abandonnèrent sans combattre, non seulement la ville, mais encore toutes les positions qui la dominaient et notamment le couvent de la *Serre*; espèce de citadelle bâtie sur un rocher.

Siège de cette Ville.

N'osant attaquer Oporto, les Miguélistes travaillèrent aux batteries de siège et attendirent le renfort demandé à Lisbonne. Pendant ce temps, les Pédristes, mieux conduits et soutenus par toute la population, élevèrent aussi des batteries. Le renfort étant arrivé et les travaux à peu près achevés, les *Miguelistes* envoyèrent des bombes auxquelles les *Pédristes* répondirent par des bombes. Tels furent les combats de chaque jour, si on passe sous silence quelques *pauvres* sorties, quelques *misérables* affaires peu dignes d'attirer l'attention. C'est le moment de dire ici pourquoi *Oporto* n'a pas été réduit en cendres. A gauche du *Douro*, sont des magasins et des maisons, qui étaient sous la domination miguéliste, et qu'on désigne par le nom de *Villa-Neuva*. Ces maisons et ces magasins sont dominés par le *Couvent de la Serre*, occupé, comme on se le rappelle, par les *Pédristes*, et de manière à les bruler dans un quart-d'heure. Ce qu'ils ne voulaient pas faire dans la crainte que les batteries de leurs adversaires, moins destinées à défendre *Villa-Neuva* qu'à incendier Opporto, n'usassent à l'instant même de la plus grande représaille. Rien n'était plus aisé. Ainsi par humanité ou par la certitude qu'avait Don Miguel d'arracher cette belle cité aux ennemis, il n'envoyait ses bombes que sur les casernes, les places publiques et les lieux de passages des troupes. Si de part et d'autre ces projectiles enflâmés tombaient sur des maisons, c'était par hasard ou par la nécessité de tirer constamment sur un point où on élevait de nouvelles batteries.

Hypocrisie et cruauté de l'ex-Empereur envers la nation Portugaise, les bataillons étrangers et notamment les Français.

De deux choses l'une, ou Don Miguel était un ambitieux, un égoïste qui ne pensait qu'à lui, ou un philantrope, un homme généreux qui croyait avoir mission de rester à la tête des troupes royales, pour défendre le pays contre un principe propre à faire son malheur. Dans le premier cas il est coupable, il devait se retirer; dans le second, il devait bruler Oporto. C'était une cruelle nécessité. Mais c'est toujours le côté le moins mauvais qu'il faut prendre; et ce côté voulait qu'il détruisît la ville. Car privés de tous les secours qu'elle donnait, la garnison et la population exaltées se seraient rendues ou auraient tenté une sortie où la mort était certaine alors. Sacrifier Oporto à la nation, ou celle-ci à Oporto, voila la partie.

Don Pedro, qui savait assez bien jouer la sienne, faisait activer le travail des batteries destinées à répondre au feu de celles dont son frère pouvait se servir pour embrâser la ville. En tenue de simple officier et travaillant aux fortifications, il encourageait le soldat, lui donnait de jour et de nuit l'indispensable *poignée de main*, et appelait le Français son *bon ami* et son cher *camarade*. La bourgeoisie n'était pas non plus oubliée. Il donnait des bonbons aux enfans qu'il rencontrait; faisait de fort jolis complimens aux femmes et des promesses charmantes à tous les hommes un peu distingués. Les moines même avaient leur part dans cette hypocrite aménité. Tout marchait assez bien de la sorte. Mais de nouveaux ouvrages élevés par les Miguélistes, dont le nombre augmentait toujours, la peur qu'ils finissent par s'emparer de la petite ville de Lafosse, où le débarquement était seul possible, la perte que lui faisaient éprouver la désertion, la maladie et le feu de l'ennemi, tout en un mot, l'engagea à appeler un général qui put mettre la dernière main aux fortifications et inspirer une grande confiance aux étrangers. Le souvenir de Solignac arriva à point. Connaissant toute sa faiblesse, toute sa vanité, il le demanda ; et ce vieux général accourut en toute hâte pour prendre le commandement et le titre de maréchal.

Grande fut la joie des Français et de tous les autres étrangers quand ils le virent parmi eux. Devancé par la réputation d'homme humain et de bon capitaine, ils attendaient de lui de la gloire et de l'amélioration dans leur position militaire. Vraiment ils souffraient tant, que cette position était presque insoutenable ; surtout celle de nos pauvres compatriotes toujours placés à la barbe de l'ennemi. Don Pedro pouvait savoir que leur intrépidité, leur courage était nécessaire là. Mais c'était toujours à leur tour de tomber sous les bombes, les boulets et les balles miguélistes, qu'ils recevaient aussi bien au poste qu'en faction. La cruauté dont il fit preuve à leur égard, se montre d'avantage quand on songe que la plupart n'avaient pas de chemise, pas de souliers; et que tous manquaient d'un *brin* de paille qu'on aurait pu leur donner. Ce dont il ne se souciait guère, lui qui les nourrissait avec 8 onces de pain et une queue de morue salée par jour. Tant qu'ils crurent que le *quasi blocus* l'empêchait de mieux faire, ils prirent patience. Mais dès qu'ils s'apperçurent que les bataillons Portugais étaient infiniment mieux traités, ils élevèrent la voix, murmurèrent et refusèrent même le service. Refus dont le Duc de Bragance empêcha les conséquences en faisant tomber sur eux une pluie de promesses, qu'ils croyaient devoir être réalisées par Solignac.

C'est ce qu'il ne fit pas, car il se laissa prendre au premier coup dans le piège qu'on tendit à son *laisser-aller* naturel et aux embarras de sa position pécuniaire. Muni d'un pouvoir général, il jeta l'œil sur les fortifications, y fit travailler et rendit la ville presque imprenable pour les Miguelistes, toujours mal commandés; de même à *La-*

fossé où le débarquement devint plus facile que jamais. Ce n'est pas tout; les Français vinrent en masse et les autres étrangers accoururent. Avec ces nouvelles recrues, il augmenta et disciplina le bataillon anglais, proprement dit ; ceux des Ecossais ; des Irlandais, des Allemands et des Français. Il en nomma les Officiers, ou plutôt il crut les nommer à son choix ; car en cela Don-Pedro avait le talent de le conduire comme un enfant. Chose importante pour son cœur ingrat et ses vues despotiques. Ne voyant dans les étrangers que de simples *instrumens* dont il se servait pour son ambition, il était loin de vouloir leur donner des officiers réellement capables ; des hommes d'honneur qui n'auraient pas vu sans indignation que leurs soldats manquaient de tout, tandis que les Portugais étaient on ne peut mieux. Il lui fallait par conséquent des officiers-*machines*, et se sont ceux-là qu'il faisait nommer à Solignac.

Nous ne voulons pas jeter une sorte de réprobation sur tous les hommes qui lui doivent l'épaulette ; bien au contraire, car nous en connaissons qui se sont admirablement conduits et sous tous les rapports. Mais généralement parlant les sous-officiers valaient mieux que les officiers, dont une partie n'avait jamais servi. Si nous aimions plus les personnalités, nous pourrions citer quelques-uns de ces Messieurs qui sont moins allés en Portugal pour y servir la liberté, que pour y satisfaire leur penchant au vol et à la rapine. Aussi riaient-ils des souffrances de leurs compatriotes, desquels ils vendaient le sang et la vie pour de l'or ou une décoration.

Quoi qu'il en soit du caractère de ces *bons* ou de ces *mauvais* officiers, pas un n'osa élever la voix en faveur des Français, pas même Solignac qui les laissait entièrement sous la férule du Ministre de la Guerre.

Les choses continuant à marcher ainsi, arriva le moment où Don-Pedro apprit que ses agens avaient capté la bonne-foi de l'ancien royaume des Algarves. Alors grandissant d'espoir et ne craignant que très-peu les efforts des Miguélistes sur Oporto, il laissa tomber son masque et parut tel qu'on l'a toujours vu depuis, c'est-à-dire, despote, cruel, ambitieux et ingrat : c'est ce qui nous est révélé par ses actes. Saldanha, un peu plus fin ou plus humain que lui, voulut le contenir dans la ligne que sa dissimulation lui avait tracée. Mais peine inutile ; il parla hautement à ses Ministres, gronda les chefs de corps, commanda un service plus pénible et une sévérité inouie envers les étrangers déjà si malheureux. Cet ordre impolitique lui fit plus de mal que de bien. Les Français, toujours les premiers à demander l'accomplissement des promesses qu'on leur avait faites, réclamèrent leur solde ; parlèrent avec colère de la préférence donnée aux bataillons portugais, et jurèrent qu'ils ne feraient pas de service sans avoir au moins des souliers et les 25 francs d'engagement qu'on leur avait promis. Leur attitude menaçante obtint enfin une partie de ce qu'ils désiraient. Mais dès que l'élan de ce mouvement général fut passé, dès que les bataillons furent rentrés sous l'empire de la discipline, on jeta les volontaires les plus exaltés dans la prison de ville. Passant rapidement sur les peines qu'ils y ont essuyées, sur tout cela qui fait mal, nous dirons seulement que Don Pedro résista à toutes les prières qui lui furent faites en faveur d'un d'entr'eux, qu'il fit fusiller, quoi qu'il eut versé deux fois son sang pour lui ; que des braves de la garde nationale subirent le même sort ; que d'autres furent maltraités ; et les prisonniers miguélistes chargés de fers et assujetis à un travail de galérien ; enfin que des impôts énormes attristèrent de nouveau la cité généreuse dont Solignac devait bientôt être chassé.

Don Pedro, qui croyait n'avoir plus besoin du maréchal, prit tout-à-coup un air hautain, insolent ; lui parla de la correspondance des Algarves ; de l'expédition qu'il voulait y envoyer depuis longtems ; et condamna le projet de faire une sortie générale et de marcher tout droit sur Lisbonne.

Le vieux capitaine mécontent de se voir contrarier dans le dessein dont dépendait, selon lui, le succès de la cause, fit des observations ; montra le danger qu'il y aurait à s'emparer des Algarves, de Lisbonne même avant d'avoir chassé entièrement les Miguélistes du pays qu'ils occupaient entre cette capitale et Oporto. Il avait raison. Mais sa *Majesté* se fâcha tout rouge et lui donna son congé.

Expédition des Algarves.

Débarrassé de cet homme qui lui avait toujours inspiré une violente jalousie, le modeste Duc de Bragance grandit au moins d'un pied en orgueil et en vanité. L'amiral Sartorius, dont il avait absolument besoin du talent, étant le seul qui put s'opposer à l'expédition des Algarves, il fut aussi bas, aussi rampant avec lui qu'il était alors insolent pour tout le monde; car il connaissait le caractère irritable de ce marin, qui l'avait menacé plus d'une fois. L'ayant disposé à son gré, quatre mille hommes, dont un bataillon français et cinquante cavaliers, reçurent l'ordre de se rendre à *Lafosse*, où, malgré le feu de l'ennemi, des barques les conduisirent à bord de l'escadre mouillée hors portée de canon. Laissons pour un moment cette escadre, qui mit à la voile dans le mois de juin 1833, et revenons à Don Pedro qui apprit bientôt qu'elle avait détruit en passant la flottille de son frère. Son orgueil et sa sévérité augmentant encore au reçu de cette nouvelle, une partie des prisonniers Français fut désignée pour être fusillée, et l'autre envoyée à Péniche, dans un bataillon de pionniers, bataillon où furent les rejoindre plus tard un assez bon nombre des vainqueurs des Algarves. Mais au moment où l'ordre donné allait être exécuté, il apprit que Bourmont était sous les murs d'Oporto, où il avait pris le commandement général de l'armée miguélisite. Redoutant ce maréchal de France, dont le talent militaire n'est guère contesté que par les hommes qui substituent leurs passions à la vérité, il s'empressa d'effacer l'impression pénible que son despotisme avait causée. Pour cela, il rejeta tous les actes condamnés sur les ministres et les généraux. Conséquent avec ce nouveau dire, il redevint doux; affable; et tout le monde se rattacha à lui, même les prisonniers qu'il fit embarquer sur le bâtiment, *le Fulminant*, pour retourner en France. A la vérité, ce demi trait de générosité calculée, coûta bien cher à ces malheureux; ils furent blessés et pris par les miguélistes qui les conduisirent à Lisbonne. Abandonnés dans cette ville, ils retombèrent entre les mains de Don Pedro qui se ressouvint d'eux et les fit aussitôt jeter dans la prison du *Castel St. Georges*, sans plus d'égard pour sa parole que pour la position de quelques-uns dont les blessures avaient nécessité l'amputation d'un membre.

Opération du corps d'armée débarqué aux Algarves.

Flottant entre l'espoir que lui donnait ses partisans et la crainte que lui inspirait Bourmont, Don Pedro avait peine à cacher son anxiété sous la longue barbe de sapeur, qu'il avait juré de ne pas couper avant que *Dona Maria* ne fut assise sur le trône de la Maison de Bragance. Mais apprenant que le corps d'expédition était entré à *Faro* et à *Taviro*, qu'il avait été reçu à bras ouverts dans toutes les parties de cet ancien royaume des Algarves, dont les confins ne sont qu'à quelques lieues de Lisbonne, il reprit courage ; et n'en veilla pas moins à la défense d'Oporto.

Entrée des Pédristes à Lisbonne.

La flotte miguéliste tout-à-fait détruite ou prise, ne pouvait plus empêcher le transport, l'approvisionnement et la correspondance. Aussi des bâtimens légers apportaient-ils chaque jour des nouvelles de plus en plus satisfaisantes. Enfin ils annoncèrent que le Gouverneur de la capitale avait arboré le drapeau de *Dona Maria* à la vue de l'armée d'expédition. C'était vrai. Les constitutionnels de cette ville, se levèrent en masse ; les troupes royalistes, frappées de terreur, se sauvèrent sans tirer un coup de fusil ; de même les employés civils et les bourgeois par trop compromis. Tel se passa ce fait, qui mit le comble à l'orgueil de l'ex-majesté impériale.

Comment Don Pedro a été reçu à Lisbonne.

Les braves habitans d'Oporto, étaient encore dans la joie qu'avait excitée cette bonne nouvelle, lorsque le régent se décida à les quitter pour se rendre à la capitale, où il était vivement appelé. Présomptueux jusqu'au point de croire que lui seul pouvait défendre cette noble cité contre les attaques de Bourmont, il souffrait fort d'être obligé de prendre cette résolution. Mais enfin comme il le fallait absolument, il laissa plein pouvoir à Sandalha et vola à Lisbonne. Il y fut très-mal reçu. Non par les amis de la liberté qui attendaient de lui une belle et bonne charte; non par les courtisans, par les hommes sans foi toujours disposés à renier leurs serments; à encenser le pouvoir et à baiser la main du chef, quel qu'il soit; mais bien par les deux tiers de la population qui ne voyaient en lui qu'un rénégat, obligé, pour trouver un asile, de porter les torches de la guerre civile dans la patrie qu'il avait reniée. Forcé de cacher l'expression de ce sentiment, chacun baissa la tête; obéit aux lois nouvelles; et se garda bien de refuser le service armé ou le travail commandé aux batteries qu'on élevait de tous côtés.

Oporto attaqué par Bourmont.

Tandis qu'on poussait à Lisbonne les travaux de fortification, les Miguélistes cherchaient à s'emparer d'Oporto. Le 5 juillet l'affaire fut chaude et très-meurtrière. Mais le courage des Français, que l'ennemi craignait beaucoup, les força bientôt à rentrer dans leurs lignes. Jamais valeur ne fut plus grande que celle qu'ils déployèrent dans cette affaire ; peut-être était-elle excitée par les flatteries de Don Pedro qui leur passa la revue avant de partir; leur promit mille choses aussitôt qu'ils seraient à Lisbonne, et finit par leur dire qu'il se reposait entièrement sur eux pour la défense de la ville. Bourmont, qui cherchait à les attirer à lui, fut si fâché du peu de succès de ses troupes, qu'il annonça pour le 25 une attaque générale qu'il commanderait en personne. Cela fut dit presqu'au même instant à Sandalha, qui prit toutes ses dispositions et l'attendit de pied ferme. L'attaque eut lieu en effet ce jour-là; elle commença, dès 6 heures du matin, à *Carvalide* et s'étendit sur toute la ligne jusqu'à *Bom Fim*, où elle cessa à 5 heures du soir. Les troupes de *Carvalide* ne pouvaient que résister aux charges multipliées des Miguélistes, lorsqu'un bataillon français se présenta la baïonnette en avant. L'ennemi, qui le reconnut à son intrépidité, lui céda le terrain et en fut poursuivi jusqu'au château de *Prelada* dont il s'empara. La prise de ce château, situé à peu de distance de Carvalide, était assez importante par rapport à la *Maison Vanseler* qu'il pouvait protéger.

Bom succès fut bien défendu et *Bom Fim* aussi, mais ce dernier endroit attaqué, dès 7 heures du matin, par le jardin de *Campagna*, eut beaucoup de peine à résister aux efforts multipliés des Miguélistes qui gagnèrent du terrain avec un courage étonnant. Les fusées à la Congrève, les bombes, les boulets, les coups de fusil par milliers, rien ne put les empêcher d'avancer, quoi qu'ils sussent que c'étaient des Français qui défendaient *Campagna*, la Maison-Blanche, *Foujeau* et le *Pi-*

quel-neuf. Ces Français qui déchiraient la cartouche depuis 8 heures, ces Français fatigués, anéantis, se virent tout-à-coup chargés par des troupes fraîches qui cherchaient à les cerner. Alors ils reprirent haleine, nourrirent et soutinrent leur feu; ce qui retarda la marche des Miguélistes, mais ne put les empêcher d'arriver jusqu'à eux, c'est-à-dire jusqu'à *Foujeau*. Peu habitués à être visités ainsi, ceux qui gardaient cette position s'ébranlèrent et cédèrent le terrain. Le céder, c'était mettre l'ennemi à même de tourner toutes les positions de *Bom-Fim* et lui ouvrir les portes d'Oporto. Aussi Bourmont donna-t-il ordre à une division d'infanterie de se diriger sur ce point. Sandalha, qui voyait le danger, qui s'était vu obligé de disposer de toutes ses forces, qui n'avait plus que 50 lanciers et 70 français, se mit à leur tête et chargea les Miguélistes auxquels il donna le premier coup de sabre. Surpris, effrayés de voir de la cavalerie appuyée par des Français et derrière eux tout le monde qu'ils avaient rallié, ils se sauvèrent; abandonnèrent *Foujeau* et firent *volte-face* lors qu'ils furent rentrés dans leur ligne. Mais il était trop tard, le sang-froid et le courage de Sandalha leur avait arraché la victoire que les Français défendirent jusqu'à la fin.

Ce qui a fait lever le siége d'Oporto.

Si Bourmont avait mieux connu les dispositions et les forces dont pouvait disposer le général pédriste, il aurait fait marcher la division d'infanterie dont nous avons parlé, et, selon toutes les probalités, Oporto était à lui. Mais ne les connaissant pas, servant la cause de Don Miguel avec amour, avec onction, il ne voulut pas la compromettre en sacrifiant pour prendre cette ville plus d'avantages qu'elle ne pouvait lui en donner. C'était assez sage. Car en supposant qu'il y eut perdu une partie de son monde, l'autre partie y aurait bientôt été bloquée par les partisans de Don Pedro, venus des Algarves, de Lisbonne et de toutes les recrues qu'ils auraient faites en traversant le pays. Au lieu qu'en levant le siège pour se rendre devant la capitale, il y attirait la garnison et le reste de l'armée pédriste. Ce qui forçait Don Pedro à laisser presque tout le Portugal à la disposition des *Guérillas* miguélistes, qui en parcouraient les campagnes et bloquaient le petit nombre de villes tombées dans les mains ennemies. Ces observations furent faites en plein air dans un conseil que présidait Don Miguel, auquel Bourmont parla de l'avantage immense qu'il y aurait à se retirer sur *Santarem* et sur *Coimbre* dans le cas où Lisbonne lui échapperait. Les conséquences de cette retraite supposée, furent méditées et vues de très-bon œil par l'oncle de Dona Maria, qui fit désarmer les batteries; bruler quelques magasins; et ordonna le départ de l'armée pour aller bloquer la capitale.

Présence de l'armée miguéliste sous les murs de Lisbonne.

Ayant perdu tous ses bâtimens, Don Miguel ne pouvait pas étendre son blocus jusques sur le Tage, entièrement à la disposition de son frère, mais il le serra tellement partout ailleurs que rien ne pouvait entrer en ville. Les *Guérillas* formées dans les *Algarves* comme autour de *Péniche* et d'*Oporto*, on se demanda s'il fallait se contenter de ce blocus ou chercher à s'emparer de Lisbonne. Cette question resta longtems indécise. Mais il fut pourtant décidé qu'on attaquerait pas les pédristes dans cette ville, où ils perdaient chaque jour leur force physique et morale.

Griefs des étrangers arrivés pour défendre Lisbonne.

Satisfaits d'aller à Lisbonne, où ils étaient appelés, où ils croyaient être aussi heureux qu'ils l'avaient été peu jusqu'à ce jour, les Français s'embarquèrent à la fin du mois d'août, à bord d'un bâtiment à vapeur, qui les y conduisit en 32 heures. Ils avaient assez fait pour que l'ex-empereur daignât au moins leur passer la revue. Mais il ne pensait pas de même, lui qui les jeta dans la caserne de *Valdeprére* où il destitua leur colonel, qui était Français, pour le remplacer par un Portugais nommé *Paolo Francisco de Miranda*, homme le plus despote et le plus cruel que le soleil puisse éclairer. Ayant reçu avec grand plaisir l'ordre de les flageller, cet homme déjà si sévère, voulut faire preuve de sévérité dès en entrant au régiment. C'était probablement pour resserrer la discipline, à la vérité un peu relâchée. Voici comment il s'y prit : il divisa les hommes du régiment en cinq catégories. La première formée, de ce qu'il appelait les *bons sujets*, c'est-à-dire de ceux qui n'avaient ni passion, ni volonté, resta momentanément tranquille. Les hommes de la deuxième qu'il ne connaissait point, qui n'avaient pas de punitions, mais qui lui promettaient un mauvais service sous le rapport physique et moral, furent envoyés en prison. Là, comme dans un lieu de dépôt, ils attendirent le départ des blessés avec lesquels ils ne rentrèrent en France qu'au bout de sept mois passés dans la plus ignoble misère. Les 3e., 4e. et 5e. catégories, étant composées, selon lui, par des soldats *malpropres*, *raisonneurs* ou *buvant trop*, ces soldats eurent mille peines à souffrir. Quatre d'entr'eux coupables d'avoir découché une seule nuit, furent amenés devant le front du régiment qui les vit charger de fers et traîner ainsi au *Castel St.-Georges*. Singulière récompense de sa *majesté impériale* qui, joint à cela, leur donnait des officiers portugais ; leur faisait faire l'exercice selon le mode national ; et les laissait toujours sans chemise et sans souliers. Ce qui les irritait d'autant plus qu'ils savaient à merveille qu'on avait fini d'habiller l'armée tout en neuf.

Sortie des constitutionnels de Lisbonne et retraite de Don Miguel à Santarem.

Se débattant sous le joug de Don Pedro, qui n'étoit plus pour eux qu'un tyran, ce fut sans plaisir, sans enthousiasme, et même avec regret que les bataillons étrangers se virent passer en revue par *Dona Maria*, qui leur témoigna une indifférence réellement insultante. Le mécontentement qu'ils en éprouvèrent était à son comble, le 10 octobre, jour où les pédristes sortirent de Lisbonne. Vers 7 heures du matin, les Français, comme d'habitude, furent mis à la tête de cette sortie où ils soutinrent leur vieille réputation de bravoure; ils rompirent les barricades et chargèrent l'ennemi jusques dans ses derniers retranchemens. Là, les miguélistes, qui n'avaient plus à craindre le feu des batteries élevées pour défendre la ville, auraient pu faire la plus belle résistance contre l'armée constitutionnelle, dont l'infanterie, peu instruite, n'était soutenue que par quelques pièces de campagne, mal servies, et quelques petits escadrons de cavalerie. Mais ne voulant pas s'exposer à aucune chance fâcheuse, ils profitèrent de la nuit pour se retirer sous les murs de *Santarem* que Bourmont regardait comme devant être le tombeau de l'ennemi.

Ne prévoyant nullement ce qui lui arriverait dans l'endroit où se retiraient les troupes de son frère, l'ex-empereur, qui en redoutait encore la vieille cavalerie et la nombreuse artillerie légère, n'en crut pas moins avoir gain de cause. Battues, démoralisées, ces troupes, à ce qu'il croyait, ne pouvaient tenir qu'un instant à *Santarem*, à *Coïmbre* et dans les autres petites villes semées vers les frontières d'Espagne. Fort de cette persuasion, la vanité, l'ambition et l'orgueil le firent marcher sur le reste de l'hypocrisie qu'il s'était imposée à Oporto, lorsqu'il y était si petit, si bas et si rampant avec tout le monde. Débarrassé alors de toute contrainte, s'abandonnant entièrement à son égoïsme et à sa parjure ingratitude, le moindre de ses actes civils et militaires fut frappé au cachet de ses passions. Laissant, à présent, les griefs de la bourgeoisie, nous allons dire un mot sur les nouvelles souffrances qu'éprouvèrent les soldats étrangers. Leur tâche était remplie dans l'esprit de Don Pedro : il avait le pays. C'était donc à lui de les renvoyer ou tout au moins de les habiller et de les mettre sur un pied égal à celui des troupes nationales. Mais point du tout ; il intima l'ordre de les battre, de les fouetter et d'en jeter en prison le plus possible. Ce qui fut fait et principalement pour les Français. Aux plus petites fautes, celles par exemple, d'arriver tard à l'appel, d'avoir pris un peu trop de vin, cueilli une orange sans permission ou avoir fait la plus légère observation, ces malheureux étaient arrachés des rangs de leur compagnie, déshabillés, attachés à un arbre ou à un mur où ils recevaient de 25 à 200 coups de baton. Après quoi on les détachait, et on leur prenait sur la poitrine l'*écriteau* qui *qualifiait* leur délit. C'était de cette manière que finissait le premier degré de leur torture. Le second commençait aussitôt, puis qu'ils étaient forcés de marcher vers Lisbonne sans souliers, sans chemise et sans casquette. Ce n'est pas le moment de dire comment ils étaient traités dans les prisons où on les plongeait.

Parallèle entre Don Pedro et Don Miguel.

Nous connaissons trop bien Don Pedro, il nous a trop fait souffrir, personnellement, pour que nous puissions l'aimer et avoir la moindre confiance en lui. Mais nous n'en sommes pas moins fidèles à la vérité. Déposant toute espèce de haine, de prévention, nous racontons sans arrière-pensée, sans protéger l'un des hommes qui ensanglantent leur patrie et se disputent une victoire dont les conséquences peuvent être très-importantes pour la situation présente et à venir de l'Europe. Des faits légèrement et rapidement exposés, mais vrais, voilà ce qui permet de savoir lequel est le plus humain de Don Pedro ou de son frère Don Miguel.

Lord Grey et Sébastiani ont dit, à la face de l'Europe, que ce dernier était un *monstre*, d'accord ; mais voyons si l'ex-empereur du Brésil ne l'est pas un peu plus que lui.

Don Miguel avait soin de son armée, du reste très-*misérable*, mais il l'aimait et affectionnait le soldat jusqu'au point de souffrir de ses souffrances. Quand on lui amenait des prisonniers *Pédristes*, étrangers ou autres, il les interrogeait avec égard, avec bonté, et particulièrement les Français auxquels il facilitait un prompt retour dans leur patrie. Nous en connaissons plusieurs pour lesquels il a même ouvert sa bourse. Une ville, d'où ils pouvaient sortir jusqu'à une certaine distance, devenait pour eux une prison aussi douce, aussi commode que possible. Ce qui est incontestable, puisqu'ils y étaient payés, nourris, vêtus et traités en tout comme ses propres troupes.

Don Pedro, au lieu d'agir comme lui, au lieu de voir dans les Miguélistes des hommes égarés, au lieu de donner à ceux qui tombaient entre ses mains une ville pour prison, leur donnait un cachot, une prison, proprement dit, et dans laquelle il les faisait charger de fers. Ces malheureux accouplés, écrasés sous le poids de leurs chaînes, sortaient dès le matin et ne rentraient que le soir après avoir travaillé comme des forçats. Pour soutenir leurs forces physiques dans une tâche aussi pénible, aussi odieuse, et où le bâton était à chaque instant levé sur eux, ils n'avaient qu'une petite ration de pain de munition, un peu de bouillon fait avec de l'huile et trois onces de morue salée depuis 4 ou 5 ans. Des Officiers Miguélistes, hommes bien nés, d'une complexion délicate, possédant une bonne éducation et parlant passablement la langue française, étaient comme eux, chargés de fers; et comme eux aussi n'avaient, pour reposer leurs membres fatigués et meurtris, qu'un plancher, autrement dire, un pavé sale, dégoutant et sur lequel ils se couchaient sans paille, sans couverture, sans rien. Ce traitement odieux, était pourtant infiniment meilleur que celui employé pour les volontaires de *Dona Maria*, pour ces généreux étrangers que Don Pedro entassait dans les prisons, moins pour les punir d'une faute régimentaire, que la plupart n'avaient pas commise, que pour atteindre le but formé par le calcul le plus infâme. C'est ce que nous allons montrer, tout en regrettant que le cadre de la brochure ne nous permette pas de nous arrêter sur les détails de notre récit.

Pourquoi Don Pedro a violé toutes ses promesses.

Prévention à part, il est déjà facile de voir que Don Miguel vaut mieux comme homme que son frère. Comme prince, apte à introduire maintenant l'amélioration qu'exige le changement survenu dans l'esprit et les mœurs de la nation portugaise, il n'en est peut-être pas de même. Non parce que ce prince est trop despote ou ne connaît pas assez ses intérêts pour convoquer les *Cortès* dans le sens de cette amélioration tant désirée d'une partie de la nation. Mais bien parce que harcelé sans cesse par les constitutionnels rangés sous les drapeaux de son frère, il s'est vu forcé, lui qui est fin et pas mal dissimulé, de s'appuyer sur la noblesse et le clergé, qui ont le tort grave de vouloir rester en place quand tout marche autour d'eux. En ne s'appuyant pas ainsi sur ces hommes d'un autre temps, il est évident qu'il restait isolé et incapable de garder le pouvoir contre ceux qui voulaient le lui arracher Il était donc obligé de suivre cette ligne qu'il ne pourrait même pas abandonner s'il revenait à Lisbonne, à moins qu'on ne se ralliât franchement à lui Ce qui lui permettrait de convoquer les *Cortés* pour connaître les besoins du pays; recevoir ses vœux; et harmoniser un peu plus les lois avec les mœurs nouvelles. C'est ce que vient de faire la régente d'Espagne, et c'est ce qu'il ferait probablement, surtout si nous en croyons un ami du Duc de *Gadaval*, son ministre et son favori, car cet ami nous a assuré que depuis longtems Don Miguel en reconnaissait la nécessité.

Quoi qu'il en soit, ces vues de progression qu'on lui attribue, commencent à faire du bruit et à trouver écho dans le parti libéral. La chose n'est pas étonnante Car, comme nous l'avons déjà dit, l'orgueil et la vanité nationale ne pardonneront jamais à Don Pedro d'avoir renié le Portugal, de s'être fait Brésilien pour mieux leur arracher une colonie, si utile, et dont ils étaient si fiers. Sans *feu* ni *lieu* et le croyant forcé de tenir ses promesses en faveur de la liberté que leur présentait *Dona Maria*, ils l'accueillirent et le soutinrent au prix de leur sang. Mais se voyant encore une fois trompés par lui, ils ont rappelés leurs griefs, examiné sa conduite, et scruté ses actions de manière à ce que la plupart ne voient plus en lui, qu'un ambitieux, qu'un despote, qui cache son jeu sous une profusion de paroles hypocrites. Partant de ce sentiment, ils ont la conviction que sa *main de fer* pesera toujours sur eux comme sur tout le pays qu'il veut refaçonner sous le joug. On prétend même qu'il veut y forger les chaînes qu'il prépare pour le peuple brésilien. Ce qu'il ne pourrait tenter qu'en demandant des sacrifices qui feraient crier tout le monde à présent.

C'est pourtant ce dont l'accusent aussi les plus intelligens des volontaires étrangers qui ont versé leur sang pour lui. Mais malheur à eux s'ils osent dirent un mot, s'ils en ont même la pensée; car à la moindre circonstance on les traite et on les jette où le lecteur sait très-bien. Ce qui, du reste, sert à merveille le projet du régent dont l'intention est de les renvoyer tous sans rien. A plus forte raison ceux d'entr'eux qui montrent du caractère et un amour ardent pour la liberté. Qu'ils aient ou non des bras, des jambes de moins, peu importe : ils ont raisonné ; ils ont fait une faute; et comme tels ce sont de mauvais sujets indignes de la *gratification* promise. Cette manière, à la *Don Pedro*, est fort commode pour s'acquitter de sa reconnaissance et payer ses dettes.

Mécontentement du parti libéral et de tous les étrangers.

Cet article n'étant que le complément de celui qui le précède, nous allons ajouter quelques observations. Aux causes qui ont amené le mécontentement général dont nous venons de parler, il faut y joindre le reste de l'examen des actes de Don Miguel et de son frère. Le premier, n'a pas voulu d'étrangers pour défendre sa cause, qu'il croit ou non celle de la grande majorité nationale. Il y a là une sorte de grandeur d'âme qui n'a pu échapper aux Portugais ; surtout en remarquant qu'il aime, qu'il apprécie le génie, puisqu'il le reçoit en même temps qu'il repousse la force matérielle. Ceci est si vrai, que l'on verra bien dans l'armée miguéliste, des Bourmont, des Larochejacquelin, des La Houssaye, des officiers plus jeunes, tel que celui qui est sorti d'Amiens, M. Oswald de C***, homme plein de fidélité et de courage ; mais impossible d'y voir une compagnie d'étrangers, pas même un soldat. Cet air de persuasion intime de la force morale de sa cause, sa bravoure, son intrépidité et l'amitié que l'armée a pour lui, produisent un bel effet dans l'opinion générale.

Cette amitié que l'armée lui porte, provient d'abord, de la croyance des hommes ; du respect qu'ils ont pour les principes religieux et monarchiques ; ensuite, de ce qu'il a envoyé un cartel à Don Pedro ; de ce qu'il se bat bien ; couche avec le soldat et le traite parfois en vrai camarade. Est-ce par calcul ?... Dans tous les cas cette conduite fait honneur à son esprit ou à son cœur. Ces deux ou trois *bluettes*, bien connues, vont donner une idée de la confiance qui doit régner entre lui et l'armée :

Un sergent, chef de poste, l'ajuste et le tire à 15 pas ; la balle siffle et passe près de son oreille ; il quitte la barque et saute sur le bord du Tage, en s'écriant : *mais vous vous trompez mon ami !...* Le sergent le reconnaît, tombe à ses genoux et lui demande pardon ; il le relève avec bonté et lui dit : *vous êtes un brave soldat ; ce n'est pas moi que vous vouliez tuer, c'était l'ennemi. Tenez, prenez cette croix ; vous l'avez méritée pour bien avoir suivi votre consigne.* Une autre fois, et dans un moment où l'armée n'avait *pas reçu de vivres*, il rentrait dans sa tente lorsque des généraux d'état-major s'apperçurent qu'on y avait enlevé une partie des provisions de bouche. Ils crièrent et demandèrent la punition des coupables. Ce qui parut tellement l'impatienter, qu'il dit avec une sorte de colère : *Eh ! taisez-vous donc messieurs ! si j'avais été a la place de ces soldats j'en aurais fait bien p'us qu'eux.... Faites leur distribuer ce qu'ils ont laissé.*

Ces milles choses qui ne sont quelquefois que l'œuvre de l'hypocrisie, mais qui plaisent tant lorsqu'on les croit sincères, lui ont si bien gagné le cœur de tout son monde, que le 12 octobre 1833, jour où il s'éloigna de Lisbonne pour se retirer à Santarem, ses soldats l'entourèrent, l'enlevèrent de dessus son cheval, et se le passèrent de main en main, comme une poupée, sans que l'escorte puisse rien empêcher. C'étaient des *vivat*, des protestations d'amitié qui n'en finissaient plus. Manière de lui témoigner combien ils étaient sensibles, combien il s'attachaient à lui à mesure que son malheur augmentait. Toutes ces choses dites et respétées, finissent par faire croire aux libéraux que Don Miguel vaut mieux qu'ils ne le pensaient. Il n'en ont pas pour cela moins d'amour pour la liberté, mais on affirme si souvent qu'il ne demande pas mieux que de s'attacher aux lois du progrès, que de convoquer les *Cortés* sur des bases larges et plein d'avenir, qu'en vérité une bonne partie d'entr'eux ne sait plus sur quel pied se mettre. C'est déplorable. Mais c'est la faute de Don Pedro qui travaille tous les jours à changer la liberté en despotisme ; c'est la faute de cet homme qui est aussi cruel qu'on aimait à le croire humain ; qui a autant de fierté et d'ambition qu'on voudrait lui voir de modestie ; qui manque de foi ; de vérité : et qui s'est dessiné de manière à ce que la nation ne peut pas plus croire à sa parole que nous ne croirions à celle du premier charlatan venu. En outre, comme les hommes ne sont pas encore décidé à faire abnégation de leur intérêt personnel, le négociant et l'artisan voient avec peine la position pécuniaire dans laquelle ils se trouvent. Sous Don Miguel le commerce allait un peu et maintenant il est nul ; maintenant les marchands ne s'occupent plus que de rondes, de patrouilles et de combats. Force à eux, dont les plus jeunes sont envoyés au feu tandis que les autres montent la garde dans la cité. Nous en connaissons qui sont restés au poste pendant quinze jours de suite, et sans que le chef voulût leur permettre d'aller prendre un repas à la maison. Cette exigence, les malheurs qu'entraine la guerre civile et l'arbitraire que l'on met en tout, ne sont certainement pas propres à lui affectionner les cœurs. Aussi les citoyens se fatiguent-ils d'une liberté dont on ne se sert que du mot pour les arracher de leur domicile ; les enlever à leur femme, à leurs enfans ; et les menacer de prison ou de coups de bâtons à la moindre observation récalcitrante. Ils ont pourtant payés et paient encore bien cher l'espoir d'un meilleur avenir. Devant la propriété violée, les maisons incendiées et le sang qui rougit le pays, qu'on ne s'étonne donc plus de leur voir agiter la question de savoir s'ils doivent encore soutenir l'ex-brésilien ou sourire à Don Miguel.

Ce que les Français ont eu à souffrir dans les prisons et à bord des pontons.

Les Portugais ont trop d'orgueil et de vanité pour aimer les étrangers. Mais la partie la plus saine, la plus éclairée de la nation, a toujours vu avec horreur le dédain barbare dont ils étaient l'objet. Aussi ne manquait-on pas de dire que c'étaient de mauvais sujets, manquant de pain chez eux, sortant de prison, et qui étaient bien moins venus pour défendre les droits du Portugal que pour le voler et le piller. Ce qui n'autoriserait certainement pas, quand ce *dire* serait vrai pour tous, les mille et une tortures que ces malheureux ont éprouvées. Les Français, par exemple, ne se sont pas sauvés de leur patrie ; ils l'ont quittée à l'aide d'un passe-port délivré par l'autorité compétente. Qu'ils soient pauvres ou non, que le gouvernement les voie partir avec plus ou moins de plaisir pour lui et pour les mœurs, peu importe à l'ex-empereur, dont ils étaient *les bons amis, les chers camarades*, quand il leur serrait la main, quand il avait tant besoin d'eux à Oporto. Il n'avait pas à s'occuper de leur conduite en France, de leur *for intérieur*, mais bien de la reconnaissance que devaient inspirer des hommes qui versaient tous les jours leur sang pour lui. Bien loin de cela, ils n'avaient seulement pas une poignée de *charpies* pour panser leurs blessures : sur cent amputations, quatre-vingt-dix-neuf emportaient le blessé. L'ingratitude, la cruauté qu'il a montrée pour eux, lui a fait aussi beaucoup de tort dans l'esprit de ses partisans. Plus d'une fois, aux jours de bataille, jours où l'on se faisait un malin plaisir de les laisser à jeun jusqu'au soir, des officiers de volontaires portugais sont venus leur apporter du pain, leur faire boire un peu d'eau-de-vie, et témoigner tout haut combien ils étaient indignés de les voir sans chemise et sans souliers. A la vérité ces hommes généreux sont assez rares dans le pays, mais enfin il y en a. Amants de la foi jurée et de la justice tout autant que de la liberté, nous ne serions pas surpris de les voir bientôt les premiers à miner le trône qu'ils ont cimenté de leur sang. Mais laissons cela, pour dire un mot sur les Français les plus victimés.

Notre tour de supplice étant arrivé à *Villa Franca*, le 15 octobre 1833, on nous jeta dans la prison de cette ville où on nous laissa dix jours sans pain et sans eau. Comme il n'y a point de force humaine qui puisse résister à une privation de ce genre, nous déclarons ici que nous devons la vie aux hommes que nous étions allés combattre, aux prisonniers miguélistes qui nous forcèrent d'accepter quelques morceaux de pain. Furieux contre nous, qui avions ôsé prendre la défense de nos compatriotes qu'on mettait aux fers ou qu'on écrasait sous les coups, le colonel portugais nous arracha de cette prison, pour nous faire conduire dans celle du Castel-St.-Georges, où gémissaient nos pauvres camarades d'infortune. Nous ne fûmes ni attachés, ni battus, mais nous ne devons cela qu'à certaine considération sur laquelle on n'ôsa pas passer. Ce qui nous le confirme, c'est qu'on eut la cruauté de nous faire faire dix lieues à *pieds nus*, et sur un chemin rocailleux dont les pierres aigues nous les mirent tout en sang.

Exténués physiquement, mais nous soutenant *un peu au moral*, nous éprouvâmes une émotion si pénible en entrant dans notre nouvelle prison, que toutes nos facultés en furent un instant suspendues. Il était nuit. Une lampe sépulcrale éclairait cet espace de 19 pieds de long sur 14 de large. Les murs en étaient horribles, le pavé sale, dégoutant. Et c'est pourtant sur ce pavé que nous voyons 150 moribonds, couchés les uns sur les autres et comme dans la fosse commune d'un cimetière. Aussi nus que l'enfant qui vient de naître, pâles, livides, les cheveux en désordre et les membres desséchés, nous aurions cru que la vie les avait quittés, si le contraire ne nous eût été prouvé par leur râle d'agonie. Privés de paille, de couverture, même d'un morceau de linge grand comme la main, l'odeur qu'exhalait leur transpiration, l'odeur de tant de peaux huileuses, de tant d'haleines malsaines et corrompues, est une odeur de peste, une odeur incomparable, surtout quand le changement de temps vient y joindre celle que donne le *cabinet d'aisance* dont l'ouverture est dans cette espèce de gouffre. . . . . .

Assimilés en tout à nos pauvres compatriotes, un quart d'heure suffit pour nous y couvrir de cinq sortes d'insectes. Néanmoins nous reprîmes courage et nous cherchâmes à améliorer notre position commune. Nous parlâmes aux guichetiers, nous écrivîmes au directeur et au gouverneur militaire du Castel, peine inutile ; l'un ne nous répondit point et les autres nous accablèrent d'épithètes trop sales pour être rapportées ici. Il fallut donc vivre avec trois onces de pain par jour et un peu de soupe faite avec de l'huile. Si nous avions encore eu assez d'eau ! Mais on en manquait si souvent, on avait tant soif, que plus d'une fois on s'est battu pour en avoir un demi verre.

Voulant renchérir sur tout cela, ils nous laissèrent 36 h. sans rien nous donner. La faim, l'indignation et le désespoir s'emparèrent de nous. Nous fîmes du bruit, nous criâmes et nous demandâmes du pain ou la mort. Nous n'eûmes pas de pain, mais il ne tint qu'à nous de mourir. La garde nous mit en joue au travers de nos barreaux ; le sergent fit feu ; la porte s'ouvrit; et des Portugais, armés de bâtons et de bayonnettes, entrèrent dans la salle. Le bâton frappa tout le monde et assomma presque le seul de nos camarades qui ôsa se plaindre avec un peu d'énergie. Abattu et couvert de sang, les barbares l'entraînèrent jusqu'aux pieds de leur féroce gouverneur, qui le fit schlaguer, et de manière à ce que les lambeaux de chair tombaient de ses épaules quand on nous le ramena.

Ainsi étaient traités tous les prisonniers français, soit dans les autres prisons du *Castel*, soit à bord des pontons ou au *Fort St.-Julien* où ils étaient chargés de fers.

Embarquement et traitement odieux exercés sur 300 d'entr'eux, tous blessés, excepté une partie des 84 débarqués à Calais.

L'esprit de la constitution libérale, quelle qu'elle soit, ne sera pas de longtems suivi en Portugal, où le mode inquisitorial est aussi inné dans les mœurs que dans le caractère de la plus grande partie de ses habitans. Jeter un malheureux en prison, satisfaire à l'aide de ce moyen sa haine ou ses passions, rester sourd à ses cris, dédaigner de lui faire connaître le motif de sa détention, qu'on prolonge ou fait cesser à volonté, voilà ce que l'orgueil national considère comme une chose de caractère et de dignité. Aussi il n'y a pas encore longtems que nous, qui pouvions nous faire réclamer de notre famille et de nos amis, ne savions pas trop si nous aurions le bonheur de revoir la France. Des commis, des subalternes, disaient bien que l'on voulait nous y reconduire. Nous étions même obligés de le croire : trois fois on nous avait fait embarquer soi-disant pour cela. Mais trois fois aussi nous étions revenus sur nos pas, nous étions rentrés au *Castel* la mort dans le cœur. D'abord, parce que nous étions passés de la la joie la plus vive au sentiment si pénible de notre captivité ; ensuite parce que nous étions humiliés ; parce que les haillons que nous venions de promener dans les rues de Lisbonne, nous avaient valu mille injures de la populace.

Nous affaiblissant tous les jours, n'étant déjà plus que l'ombre de nous-mêmes, cette existence était insoutenable. Aussi le chagrin, la malpropreté et le manque de nourriture, nous attirèrent une sorte d'épidémie qui moissonna promptement plusieurs d'entre nous. Point de pitié pour nous ; la mort nous aurait tous enlevés si l'ordre du départ ne fût arrivé une quatrième fois. A qui le devons-nous ? Peut-être à M. Mortier, l'ambassadeur français, nouvellement arrivé, car nous étions parvenus à lui écrire, à lui demander justice.

Quoi qu'il en soit, nous nous embarquâmes à bord d'un bateau à vapeur anglais, le 1er. mars 1834, vers 5 heures du soir. Nous y trouvâmes 216 blessés. Ce qui nous donna l'assurance que nous allions enfin revoir la patrie. Grande fut notre joie. On cria, on dansa ; on était presque fou. Mais un froid très-vif nous rappela bientôt aux douleurs physiques.

Nous cherchâmes un abri. C'était inutile. Rien n'avait été préparé pour nous recevoir. Les blessés eux-mêmes furent forcés de coucher sur le pont et sans un brin de paille. Comment nous plaindre personnellement, quand nous les voyons, presque aussi nus que nous, allonger dans l'eau le tronçon du bras ou de la jambe qu'ils avaient perdu, non pour la liberté, mais malheureusement pour Don Pedro? Nous oubliâmes nos peines et nous ne nous occupâmes plus que des leurs. Ils furent sensibles à notre amitié; ils nous plaignirent à leur tour; et tous ensemble nous embrassâmes l'espoir d'un meilleur avenir. La nuit se passa ainsi, et le lendemain nous nous confirmâmes dans l'idée que nous serions habillés à Londres, où nous recevrions tout au moins une partie de la gratification promise. Ce n'est pas parce que nous comptions sur l'humanité de l'ex-majesté brésilienne, mais bien parce que nous pensions qu'il y mettrait un peu d'hypocrisie, qu'il ne serait pas assez maladroit pour nous débarquer en France dans l'état pitoyable où nous étions. Nous nous trompions. Ce que n'auraient pas fait des *Bedouins*, *le grand philantrope*, *le grand regénérateur de la Péninsule* a ôsé le faire.

En entrant dans la Tamise, au bout de 8 jours de traversée, le bâtiment jeta l'ancre; donna de ses nouvelles; et fut bientôt abordé par une espèce de bateau-pêcheur dont le capitaine était chargé de conduire à Calais les 84 prisonniers du *Castel*. Rien ne pouvait plus nous surprendre, nous indigner que cet ordre qui nous apprit que nous n'aurions pas d'habits, que 20 f. seuls étaient le prix de nos services et du sang qu'une partie de nous avait perdu en Portugal. Nous embrassâmes nos frères et nous leur souhaitâmes une meilleure chance à Londres, où ils ne reçurent que quelques pièces de cent sous et un mauvais habillement de matelot.

La France pouvait nous tenir lieu de tout, mais y arriver malades, nus et sales comme l'ordure, c'était y entrer dans l'impossibilité de rejoindre notre famille et de reprendre nos travaux. Il n'en fut pas ainsi, grâce à la chaleureuse philantropie des nobles Calaisiens qui nous reçurent comme si nous avions été leurs enfans. Nourris, reconfortés et habillés par eux, quelques jours devaient nous mettre à même de quitter ces hommes généreux. Chacun plia donc son *bagage* et se mit en route.

Heureux celui qui est maintenant assis sous le toît paternel et qui pensera souvent à son expédition du Portugal !

Il y a dans le fond de cela, une expérience qui l'attachera à ses pénates et lui applanira le chemin de l'avenir....

Coup d'œil général sur la situation politique et morale de l'Europe, en ce qui concerne le Portugal.

Notre intention n'est pas de sortir du cadre de cette brochure. Si nous jetons un léger coup d'œil sur la situation actuelle de l'Europe, ce n'est que pour parler des faits qui peuvent surgir de la lutte engagée entre Don Pedro et son frère.

L'ambition et l'amour du pouvoir exclusif étant malheureusement au cœur des rois comme à celui de tous les hommes, les souverains se formulent toujours dans le sens qui leur paraît le plus propre à assurer leur puissance. Les moyens d'assurer cette puissance diffèrent entr'eux par rapport au dégré de civilisation où se trouvent leurs états et d'amour que les peuples conquis portent au gouvernement qui les a soumis. En France, où il n'y a pas un département que le souvenir historique puisse échauffer jusqu'au point de proclamer son indépendance, en France, où le despotisme est usé, où on connaît la dignité de l'homme, le chef de l'état a donc intérêt d'harmoniser les lois de liberté avec les besoins de l'époque.

L'Angleterre n'est pas aussi heureuse, car l'Irlande et l'Ecosse n'ont pas oublié leurs anciens rois. C'est ce qui met le souverain dans une position très-difficile. D'un côté, il est obligé de leur donner des droits de liberté qui répondent à leur civilisation et puissent les attacher à son gouvernement ; et de l'autre, il restreint ces droits dans la crainte qu'elles ne s'en servent contre lui. D'là découlent les élections féodales et le mécontentement général qui anime l'Irlande. Sa position est encore mieux dessinée dans ses vastes possessions de l'Inde, où il fait régner le despotisme en même-temps qu'il se met à la tête de la civilisation européenne : Il faut qu'il soit despote dans l'Inde et y tienne les peuples dans l'abrutissement s'il ne veut pas que l'éducation les fasse rougir de leur esclavage et les porte à recouvrer leur indépendance ; c'est tout le contraire en Angleterre où son trône s'écroulerait dès le moment qu'il ferait un pas en arrière ou se laisserait dépasser par les lois du progrès.

Indépendamment de leur goût personnel pour la liberté ou le despotisme, tous les rois ont donc intérêt de marcher avec leurs peuples ou de les retenir *en lisière*. Ceux de la France et de l'Angleterre doivent suivre et suivront la progression des idées, mais en la suivant ils portent un préjudice incontestable aux autres souverains de l'Europe qui agissent en sens contraire.

L'Empereur de Russie, par exemple, qui a tant de peuples, tant de gouvernemens différens sous sa domination, est forcé de se conduire envers eux comme le roi d'Angleterre envers les Indiens. Loin de leur donner la civilisation qui détruirait sa puissance colossale, il s'armera longtemps pour la chasser de l'Europe ou l'y confiner le plus possible.

L'intérêt des peuples étant, comme on le voit, bien rarement celui des hommes qui les commandent, l'Autriche, la Prusse et généralement toutes les puissances du nord se liguent avec la Russie. Le souvenir historique et leur position actuelle en montrent facilement la raison. Les Souverains du midi de l'Europe ont aussi un intérêt personnel à se coaliser avec ceux du nord; et particulièrement le Portugal et l'Espagne. Si les peuples de ces deux royaumes semblent cheminer maintenant vers la liberté, ce n'est pas parce que la *régente* et Don Pedro auraient horreur de cette coalition, mais bien parce qu'ils se font une arme de la liberté pour combattre les prétentions de Don Miguel et Don Carlos.

Il faut espérer que la civilisation finira par détruire un peu l'égoïsme des gouvernans et des gouvernés. Mais à présent il faut voir les choses comme elles sont.

Les Souverains de l'Europe étant divisés d'intérêt et par conséquent de principes, la constitution libérale est soutenue par la France, l'Angleterre, la Belgique, le parti de la régente d'Espagne et celui de Don Pedro en Portugal; et la monarchie, plus ou moins absolue, est défendue par le reste de l'Europe si on en excepte la Suisse. Deux principes incompatibles sont donc en présence. Point de paix, point de trèves; de deux choses l'une: ou il faut que l'un de ces deux principes détruise l'autre ou en soit détruit. Jamais cette cruelle nécessité ne s'était si bien dessinée avant la *Révolution de Juillet*. Si les Souverains du nord n'ont pas attaqué cette révolution à main armée, c'est qu'ils avaient, comme on le sait, leurs peuples à surveiller et des *différens de famille à arranger*. Mais la chose est faite et leur diplomatie a tellement battu *l'œuvre des trois journées*, qu'elle n'est vraiment plus que l'ombre d'elle-même.

Affaiblie, anéantie au moral, ce qui reste

de la *Révolution de Juillet* peut-il lutter contre la coalition ?.... Nous ne résoudrons point cette question. Seulement nous croyons que nous ne sommes pas loin du moment où elle sera vivement attaquée. Quand nous n'aurions pas sur cela quelques notions particulières, nous le croirions encore, tant nous paraissent menaçants l'attitude de la Hollande, les efforts de la Prusse sur le canton de Neufchatel, et l'intention d'intervenir en faveur de Don Pedro et de la régente d'Espagne.

Cette disposition de *Louis-Philippe* peut être très-sage pour s'aider de la Péninsule et l'arracher à la coalition, mais nous n'en dirons rien. Les observations que nous venons de faire n'avaient qu'un but, celui de prouver que les Souverains du nord ont autant d'intérêt à soutenir Don Miguel et Don Carlos, que les autres à protéger la régente d'Espagne et Don Pedro. Si on intervient en faveur de ce dernier, il y a là une cause de guerre générale dont les chances mettront bientôt à même de savoir qui aura gagné de lui ou de son frère. Mais, ce que nous croyons beaucoup plus, si on se contente seulement d'autoriser le Cabinet de Madrid à envoyer un corps d'armée au secours de l'ex-empereur, nous jurerions presque, nous qui connaissons aussi l'Espagne, que Don Miguel reviendrait à Lisbonne. Les deux royaumes n'en feraient plus qu'un : on verrait d'un côté la grande majorité royaliste, appuyée sur la puissance matérielle, et de l'autre quelques milliers de constitutionnels, hommes généreux sans doute, mais pauvres et incapables de lutter avec avantage.

C'est ce que croit fortement Don Miguel qui vient de rejeter avec tant de hauteur les propositions de lord Warden, plénipotentiaire chargé par le *Cabinet de Londres* de lui demander son expulsion du Portugal. S'il était accessible à la peur, si l'orage qui gronde sur sa tête était aussi menaçant qu'on le pense vulgairement, il est certain qu'il se serait empressé de quitter le pays et de souscrire aux conditions avantageuses qu'on lui a proposées. Ce qui est évident pour tout le monde, puisque personne n'ignore que la France et l'Angleterre lui offrent encore de garantir ses droits et ses prérogatives *d'infant* du Portugal ; de lui allouer une forte indemnité et un traitement annuel considérable ; et même de reconnaître ses *prétentions* au trône dans le cas où *Dona Maria* mourrait sans enfant.

Un Prince plus égoïste et moins *avantureux* aurait déjà accepté d'aussi larges débris de sa royale fortune ; s'il les a refusés doit-on en conclure qu'il les refusera toujours ? Non vraiment ; car les rois ont prouvé trop souvent qu'ils préfèrent leurs jouissances, leur intérêt personnel au bonheur des peuples ou des hommes généreux qui les soutiennent au prix de leur fortune et de leur sang.

FIN.

Sont déclarées contrefaites toutes les brochures non-revêtues de la signature *initialique* de l'auteur.

www.ingramcontent.com/pod-product-compliance
Lightning Source LLC
LaVergne TN
LVHW021701080426
835510LV00011B/1526